Betrachtung der Passions- und Auferstehungsgeschichte im Hinblick auf das Osterfest. Ein Vergleich der vier Evangelien

Aleksandra Lemp

Bibliografische Information der Deutschen Nationalbibliothek:

Die Deutsche Nationalbibliothek verzeichnet diese Publikation in der Deutschen Nationalbibliografie; detaillierte bibliografische Daten sind im Internet über http://dnb.d-nb.de abrufbar.

ISBN: 9783346579829
Dieses Buch ist auch als E-Book erhältlich.

Druck und Bindung: Books on Demand GmbH, Norderstedt Germany
Gedruckt auf säurefreiem Papier aus verantwortungsvollen Quellen

Das vorliegende Werk wurde sorgfältig erarbeitet. Dennoch übernehmen Autoren und Verlag für die Richtigkeit von Angaben, Hinweisen, Links und Ratschlägen sowie eventuelle Druckfehler keine Haftung.

Das Buch bei GRIN: https://www.grin.com/document/1168666

Universität Potsdam

Philosophische Fakultät

Institut für Jüdische Theologie

MODULARBEIT

Thema: Betrachtung und Vergleich der Evangelien mit dem Schwerpunkt der Passions- und Auferstehungsgeschichte im Hinblick auf das Osterfest

Studentin: Aleksandra Lemp

Inhaltsverzeichnis

1.Einleitung..3

2.Die Evangelien...4

    2.1 Synoptische Evangelien *4*

    2.2 Die Zwei- Quellen-Theorie *6*

    2.3 Das Johannesevangelium... *7*

3.Vergleich der Passionsgeschichte 8

    3.1 Der Beginn.. *8*

    3.2 Die Verabschiedung von den Jüngern *9*

    3.3 Die Gefangennahme... *10*

    3.4 Der Urteilsprozess *11*

    3.5 Die Kreuzigung *12*

4.Auferstehung und Osterglauben 13

5.Bedeutung der Passions- und Auferstehungsgeschichte für die Kirche 16

6.Fazit..18

7.Literaturverzeichnis 19

1. Einleitung

Wir leben in einem christlich geprägten Land, indem alle großen Feiertage gesetzlich geregelt sind und man diese im familiären Rahmen feiert. Ich habe aber das Gefühl, dass dies eher zu einer Tradition gehört, in der sich die Familie zusammensetzt, um gemeinsam zu essen und Geschenke auszutauschen, als den christlichen Aspekt vorrangig zu beachten. Dies ist zumindest mein Eindruck in einer Großstadt. Ich selbst, habe mittlerweile, obwohl ich als Kind religiös erzogen wurde, die religiöse Komponente auch total aus den Augen verloren. Dazu kommt, dass ich mich bisher noch nie aktiv mit der Bibel auseinandergesetzt habe und mir somit jegliches Wissen bezüglich der zu feiernden Geschehnisse fehlen. Das möchte ich nun nachholen.

In der Vorlesung „Die Schriften des Neuen Testaments - Eine Einführung" habe ich die Grundzüge des neuen Testaments verstanden und möchte in dieser Arbeit meine Aufmerksamkeit direkt den Schriften zuwenden. Meinen Fokus möchte ich auf die vier Evangelien legen, genauer gesagt auf die Passions- und Auferstehungsgeschichte. Doch bevor ich damit starte, gehe ich auf den historischen Teil, der Entstehung der Evangelien ein. Danach werde ich alle vier Evangelien miteinander vergleichen und eine Verbindung zu dem uns bekannten Osterfest herstellen.

2. Die Evangelien

Der Begriff »Evangelium« ist aus dem Griechischen τὸ εὐαγγέλιον (*to euangelion*) abgeleitet und bedeutet ursprünglich "Lohn für die Überbringung guter Botschaft" bzw. die "gute Botschaft" selbst. [1]

Selbst in der griechischen Übersetzung des Alten Testaments wird dieser Begriff bereits verwendet. Beispielsweise in Jes 61,1: „Der Geist des Herrn, HERRN, ist auf mir; denn der HERR hat mich gesalbt. Er hat mich gesandt, den Elenden frohe Botschaft zu bringen (...)." In dem frühen Christentum wird der Begriff als ein Fachbegriff der Missionssprache genutzt, bis es später als literarische Gattung verwendet wurde. [2] Nach zuerst mündlichen Überlieferung hat man erst gegen 70-100 n.Chr. damit begonnen Worte und Taten Jesu schriftlich zu fixieren. Dies führte nach und nach zur Niederschrift der vier Evangelien, wie wir sie in unserem heutigen Neuen Testament kennen. [3] Die Evangelien verkünden die gute Botschaft Gottes, durch Jesus Christus, an die Menschen.

2.1 Synoptische Evangelien

Alle vier Evangelien sind in ihrer Thematik gleich, doch beim näheren Vergleich fällt auf, dass das Johannesevangelium relativ große Abweichungen von den anderen aufweist. Die ersten drei dagegen zeigen auffallende Übereinstimmungen untereinander in folgenden Punkten:

• Grobaufriss: Der Anfang enthält Jesu Taufe, seine Versuchung und die Wirksamkeit in Galiläa. Danach folgt der Weg nach Jerusalem und Jesu Wirksamkeit und endet mit der Passionsgeschichte und Auferstehung Jesu.

• Anordnung einzelner Abschnitte: Beispielsweise folgen die Inhaltsabschnitte bei allen drei Evangelien aufeinander: *die Heilung des Gelähmten* (Mk 2,1-12; Mt 9,1-8; Lk 5,17-26), *die Berufung des Levi (Matthäus)* (Mk 2,13-17; Mt 9,9-13; Lk 5,27-32) und *die Frage nach dem Fasten* (Mk 2,18-22; Mt 9,14-17; Lk 5,33-39).

---

[1] Vgl. Hartmann, M.; Liedtke, G.; Schikora, F.: Die Evangelien, o.J. Online:
https://www.bibelwissenschaft.de/bibelkunde/neues-testament/evangelien/ (23.08.19).
[2] Vgl. Häfner, Gerd: Der Begriff »Evangelium«, o.J. Online: https://www.bibelstudium.kaththeol.uni-muenchen.de/evangelien/begriffliches/evangelium/index.html (23.08.19).
[3] Vgl. Liedtke, G.; Schikora, F: Die Entstehung des neuen Testaments, o.J. Online: https://www.die-bibel.de/bibeln/bibelkenntnis/die-entstehung-der-bibel/die-entstehung-des-alten-und-neuen-testaments/ (24.03.19).

• Teilweise im Wortlaut. Beispiel: Mt 9,6 / Mk 2,10f. / Lk 5,24

»Damit ihr aber wisst, dass der Sohn des Menschen Vollmacht hat, auf der Erde Sünden zu vergeben... Dann sagt er auch zu dem Gelähmten: Steh auf, nimm dein Bett auf, und geh in dein Haus!«	»Damit ihr aber wisst, dass der Sohn des Menschen Vollmacht hat, auf Erden Sünden zu vergeben – spricht er zu dem Gelähmten: Ich sage dir, steh auf, nimm dein Bett auf und geh in dein Haus! «	»Damit ihr aber wisst, dass der Sohn des Menschen Vollmacht hat, auf der Erde Sünden zu verbergen – sprach er zu dem Gelähmten: Ich sage dir, steh auf und nimm dein Bett auf und geh nach Hause! «
Mt 9,6	Mk 2,10f.	Lk 5,24

Wegen der oben genannten Punkte werden die drei Evangelien als synoptische Evangelien bezeichnet.

Doch abgesehen von den Gemeinsamkeiten gibt es auch Unterschiede zwischen ihnen.[4] Diese Abweichungen findet man beispielsweise in einzelnen Passagen und ihrem Inhalt. Beispielsweise enthält Markus keine Kindheitserzählungen Jesu, und beginnt gleich mit Johannes dem Täufer.[5] Matthäus beginnt dagegen mit Jesu Stammbaum, bevor er von Jesu Geburt berichtet. Danach folgen die Erzählungen zu dem Magier aus dem Osten, der Flucht nach Ägypten – Kindesmord zu Bethlehem und die Rückkehr aus Ägypten, bevor der Täufer Johannes in Spiel kommt.[6] Lukas dagegen schreib zuerst ein Vorwort, die Ankündigungen der Geburt Jesu und über Maria und Elisabeth, bevor die Geburt Jesu einsetzt. Selbst danach hat er als einziger eine relativ ausführliche Kindheitsgeschichte, bevor Johannes der Täufer einsetzt. Der überwiegende Teil dieser Geschichten ist nur bei Lukas vorhanden.[7] Man geht davon aus, dass jeder Evangelist Sondergutstoff enthält, welches nur ihm zugänglich war und die anderen keine Kenntnis darüber hatten.

Doch selbst wenn sie gleiche Quellen nutzen, kann die Anordnung des Inhalts, sowie der Inhalt einzelner analoger Passagen untereinander abweichen.[8]

In Anbetracht der Gemeinsamkeiten und Unterschiede, wobei die Gemeinsamkeiten überwiegen, stellt sich die Frage, welches literarische Verhältnis die drei Evangelien

---

[4] Vgl. ebd.
[5] Vgl. Mk 1,1-8.
[6] Vgl. Mt 1; 2; 3.
[7] Vgl. Lk 1; 2; 3.
[8] Vgl. Häfner 2013, S.2.

untereinander aufweisen. Seit Ende des 18. Jahrhunderts wird diese Frage auch als das synoptische Problem bezeichnet.[9]

2.2 Die Zwei- Quellen-Theorie

Seitdem das synoptische Problem erkannt wurde, gab es mehrere Versuche, diese zu erklären, aber eine Theorie hält sich bis heute. Das ist die sogenannte Die Zwei-Quellen-Theorie. Bei diesem Erklärungsansatz geht man davon aus, dass:

> *1. das Markusevangelium das älteste der drei synoptischen Evangelien ist und von Matthäus und Lukas als Quelle [unabhängig voneinander] benutzt wurde;*
>
> *2. Matthäus und Lukas eine weitere gemeinsame Quelle benutzt haben, die nicht erhalten ist, aber aus den beiden Evangelien noch rekonstruiert werden kann. Diese Quelle bestand hauptsächlich aus Aussprüchen Jesu und wird deshalb Logien(= Spruch)quelle genannt. In der Fachliteratur wird sie mit Q (= Quelle) abgekürzt[10].*

Das Markusevangelium, das kürzeste von allen, wird also in unterschiedlichen Anteilen bei Matthäus und Lukas übernommen. Außerdem nutzen sie eine gemeinsame Logienquelle, die bei Markus dagegen nicht zu identifizieren ist. Man geht aber davon aus, dass sie verschiedene Versionen der unbekannten Logienquelle Q verwendeten, da sie zum Teil erhebliche Unterschiede im Wortlaut und der Abfolge des Logiengutes aufweisen.[11] Abgesehen von den beiden Quellen, ist bei Matthäus und Lukas Sondergut enthalten, wofür sich aber noch keine schlussige Begründung gefunden hat.[12]

Diese Theorie ist lediglich ein Erklärungsversuch, der nicht ganz ohne Einwände auskommt. Beispielsweise besteht das Problem des Markussonderguts. Es gibt einige Stellen bei Markus, die von Matthäus und Lukas nicht übernommen werden und da fragt man sich warum, das von beiden ausgelassen wurde. Besonders bei Lukas gibt es eine größere Lücke, die er aus dem, uns heute bekannten, Markusevangelium nicht entnommen hat. Ebenfalls gibt es kleinere wörtliche Übereinstimmungen (minor agreements) zwischen Matthäus und Lukas, die sich bei Markus nicht finden, die man ebenfalls nicht eindeutig erklären kann.[13]

---

[9] Vgl. ebd.
[10] Ebd.
[11] Vgl. ebd.
[12] Vgl. Pokorný, P. u. Heckel, U.: Einleitung in das Neue Testament. Seine Literatur und Theologie im Überblick, Tübingen: Mohr Siebeck, 2007, S. 335.
[13] Vgl. Ebd. S. 336.

Experten gehen bei den ca. 700 minor agreements, verteilt über den gesamten Evanglienstoff, davon aus, dass beide Evangelien eine veränderte Fassung von Markus (Deuteromarkus) nutzten und wir eventuell eine andere, überarbeitete Version von ihm haben.[14] Doch abgesehen von den offenen Fragen zu dem Konzept, ist es bereits das eine, welches von allen die meiste Anerkennung erhält.

2.3 Das Johannesevangelium

Nach einer Recherche zu der Entstehung des Johannesevangeliums lässt sich sagen, dass die Vermutungen hier noch weiter auseinanderliegen als bei den Synoptikern. Die Abfassungszeit zur Entstehung des Johannesevangeliums lässt sich sehr schwer genau bestimmen. Es gibt verschiedene Annahmen, aber größtenteils geht man davon aus, dass das Evangelium frühestens 90/100 n. Chr. entstanden ist.[15] Außerdem herrscht Uneinigkeit, ob Johannes mindestens einen der synoptischen Evangelien kannte.

Beispielsweise gibt es Unterschiede, die Jesu Wirksamkeit zwischen Galiläa und Jerusalem betreffen. Bei Johannes erhält man den Eindruck, dass Jesus zwischen den beiden Orten wandert[16], wodurch bei den Synoptikern er nur einmal nach Jerusalem ging.[17] Außerdem gibt es keine Gleichnisse wie in den ersten drei Evangelien, stattdessen spricht Jesus bei Johannes in „ich bin"- Sätzen, um etwas zu verbildlichen. Man könnte noch viele weitere Abweichungen aufzählen, der Kernpunkt ist, dass Johannes viele Eigenarten besitzt, die man von den ersten drei Evangelien bisher nicht kannte. Dennoch beginnt sein Evangelium ebenfalls mit Johannes dem Täufer, erzählt von Jesu wirken und erreicht den Höhepunkt mit dem Passions- und Auferweckungsgeschehen. Die Grundidee ist die gleiche und wird auch zur literarischen Gattung »Evangelium« gezählt, welche zuerst Markus geschaffen hatte. Die Wahrscheinlichkeit ist relativ gering, dass er ganz unabhängig auf dieselbe Idee kam. Man geht also davon aus, dass er von mindestens einem Evangelium Kenntnis besaß. Ob er eine weitere Quelle, abgesehen von den mündlichen Überlieferungen nutzte, bleibt ungeklärt. Eins steht aber fest, er nutzte seine Quellen mit sehr viel Freiheit bei der Verarbeitung einzelner Textpassagen, sowie bei der Darstellung der Geschichte Jesu.

---

[14] Vgl. Hartmann, M.; Liedtke, G.; Schikora, F.: Die synoptischen Evangelien, o.J. Online: https://www.bibelwissenschaft.de/bibelkunde/neues-testament/evangelien/synoptiker/ (25.08.19).
[15] Vgl. Conzelmann, H., Lindemann, A.: Arbeitsbuch zum Neues Testament, Tübingen: Mohr Siebeck, 14. Auflage, 2004, S. 373.
[16] Vgl. Joh 2,13; Joh 5,1; Joh 7,10.
[17] Vgl. Conzelmann u. Lindemann 2004, S.373f.

Wenn er aber tatsächlich irgendein Evangelium kannte, dann bleibt immer noch die Frage, warum er viele Teile ausließ.[18]

Die Passions- und Auferstehungsgeschichte ist aber eine Stelle, die bei allen vier auf ähnliche Tradition zurückgreift, demnach ist sie für einen Textvergleich besonders geeignet.

3. Vergleich der Passionsgeschichte

Die Passionsgeschichte beschreibt das Leiden Christi, dass seinen grausamen Höhepunkt in der Kreuzigung findet. In der Bibel beginnt die Passion mit dem Einzug in Jerusalem. Beginnend mit dem Anschlag der Hohen Priester und dem Verrat des Judas. Und endet mit der Kreuzigung und Grablegung. Danach folgt die Auferstehung mit den Erscheinungen des Auferstandenen Jesus bei verschiedenen Personen. Dies wird aber im nächsten Kapitel behandelt.

3.1 Der Beginn

Alles beginnt damit, dass sich die hohen Priester und Schriftgelehrten kurz vor dem Paschafest zusammensetzen, um zu besprechen, wie man Jesu ergreifen könnte. Dabei wollen sie, dass dies nicht am Paschafest selbst geschieht, damit kein Aufruhr unter dem Volk entsteht. Bei Markus und Matthäus ist es sehr ähnlich geschrieben[19]. Lukas erzählt an der Stelle, dass Judas, einer der zwölf Jüngern Jesu, sich mit ihnen beraten hat, wie er Jesu an sie überliefere und Belohnungsgeld dafür bekomme.[20] Bei Markus und Matthäus ist Judas nicht bei der Besprechung des Anschlages anwesend, sondern bietet seine Anteilnahme kurz darauf an.[21] Dies erfährt man nach der Erzählung von der Salbung in Betanien. In den drei Evangelien ist es also relativ ähnlich, bis auf den zeitlichen Einsatz von Judas und der fehlenden Salbung bei Lukas.

Johannes hat diese Stelle ebenfalls beschrieben, allerdings etwas ausführlicher. Man findet bei ihm Überlegungen der Beteiligten während der Besprechung, so kann man

---

[18] Vgl. Wilckens, Ulrich: Theologie des Neuen Testaments. Band I: Geschichte der urchristlichen Theologie. Teilband 4: Die Evangelien, die Apostelgeschichte, die Johannesbriefe, die Offenbarung und die Entstehung des Kanons, Neukirchen- Vluyn: Neukirchner Verlag, 2005, S. 152f.
[19] Vgl. Mk 14, 1-2; Mt 26, 3-5.
[20] Vgl. Lk 22, 1-6.
[21] Vgl. Mk 14, 10-11; Mt 26, 14-16.

beispielsweise direkt den Grund ihres Vorhabens nachvollziehen: „Was tun wir? Denn dieser Mensch tut so viele Zeichen. Wenn wir ihn lassen, werden alle an ihn glauben, und die Römer werden kommen und unsere Stadt wie auch unsere Nation wegnehmen."[22] Begründet durch diese Angst, setzt Kaiphas, einer von den hohen Priestern, den Todesbeschluss für Jesu. Von da an scheint es dem Leser, als wüsste die Allgemeinheit über den Beschluss, da die Priester ein Befehl herausbrachten, bei Kenntnis über Jesu Aufenthalt eine Anzeige zu erteilen, damit sie ihn ergreifen konnten.[23]

3.2 Die Verabschiedung von den Jüngern

Vor der Auslieferung veranstaltet Jesu in den synoptischen Evangelien das letzte gemeinsame Abendmahl mit den Jüngern. Die Vorbereitung dessen findet am ersten Tag des Festes der ungesäuerten Brote statt, bei dem die Paschalämmer geschlachtet werden. Am Abend zu dem Mahl gibt Jesu bekannt, dass ihn einer von den Jüngern verraten wird.[24] Abgesehen davon spricht er sehr prägende Worte: „Und er nahm Brot, dankte, brach und gab es ihnen und sprach: Dies ist mein Leib, der für euch gegeben wird. Dies tut zu meinem Gedächtnis! Ebenso auch den Kelch nach dem Mahl und sagte: Dieser Kelch ist der neue Bund in meinem Blut, das für euch vergossen wird."[25] Damit zeigte er symbolisch, dass sein Leib gebrochen und sein Blut vergossen wird, für die Erlösung der Menschen. Dies soll nie vergessen werden.

Bei Markus und Matthäus machen sie sich auf dem Weg zum Ölberg, in der Zeit wird die Verleugnung Petrus angesprochen, bei Lukas geschieht dies noch vor dem Aufbruch dahin. Dort betet Jesus das letzte Mal.[26]

Im Johannesevangelium findet ein gemeinsames Abendmahl vor dem Paschafest statt. Dies ist also im Vergleich zu den Synoptikern einen Tag vorher, sodass es ein einfaches Abendmahl ist und kein Paschamahl. Dies spielt auch eher eine untergeordnete Rolle, stattdessen steht bei Johannes die Fußwaschung im Fokus. Darin legt Jesus seine Oberkleider ab, gießt Wasser in ein Waschbecken, wäscht und trocknet die Füße von den Jüngern mit seinem Leinentuch. Aus den Gesprächen ergeben sich einige Kernaussagen

---

[22] Joh 11, 47-48.
[23] Vgl. Joh 11, 47-57.
[24] Vgl. Mk 14, 17-21; Mt 26, 20-25; Lk 22, 14.21-23.
[25] Lk 22, 19-20. Vgl: Mt 26, 26-28; Mk 14, 22-24.
[26] Vgl. Mk 14, 26-42; Mt 26, 30-46; Lk 22, 21-46.

bezüglich der Bedeutung dieser Fußwaschung. Sie war notwendig, damit die Jünger einen Teil mit ihm haben, sprich eine gewisse Verbindung.

Die Waschung wurde eher symbolisch von Jesu vollzogen, nicht zum praktischen Nutzen der Reinigung, denn der schon gebadet ist, ist rein.[27] Doch selbst hier kann man fragen, welche symbolische Bedeutung kann dem Bad zugeschrieben werden? Eine mögliche Interpretationsvariante ist, dass Jesus das Bad mit der Taufe verbindet und eine immer wieder nötige Fußwaschung lediglich für die regelmäßige Sündenvergebung steht. Eine andere Auffassungsmöglichkeit ist, dass Jesus durch die Fußwaschung die Rangordnung in der Gemeinschaft auflöste und das bedingungslose einander Dienen vorzeigte.[28] Die Interpretationen liegen hierbei jedoch immer im Auge des Betrachters. Zu dem Handlungszeitpunkt haben die Jünger die Intention der Fußwaschung nicht verstanden, dennoch lehrte sie Jesu, dies in Zukunft untereinander zu tun.

Nach der Fußwaschung sind wieder alle beim Abendmahl, wo der Verrat Jesu zum Thema wird. Dies und die später folgende Ankündigung Petrus sind ähnlich wie in den synoptischen Evangelien. Im Johannesevangelium befindet sich dagegen bis zur Gefangennahme sehr viel eigenes Material. Dies besteht aus einer langen Abschiedsrede[29] und einem abschließenden Gebet[30]. Die Rede besteht aus vielen Abschnitten, die aber zusammengefasst drei wesentliche Themen beinhaltet. Zum einen offenbart Jesu seinen Vater und betont die Trinität. Zum anderen spricht er über seinen und die der Jünger folgenden Wege und spendet ihnen Trost. Einen großen Teil nimmt auch das Gebot zur Liebe ein. Im abschließenden Gebet spricht er zum Vater und betet für seine Jünger, bevor es zur Gefangennahme kommt.

3.3 Die Gefangennahme

Der Aufgriff erfolgt bei allen Evangelien zum späten Abend bzw. in der Nacht, indem Judas mit einer bewaffneten Menge, den hohen Priestern und den Ältesten zu ihm und den anderen Jüngern kommt. Ebenfalls gleich ist die Verteidigung des Jüngers Jesu mit dem Schwert. Der Unterschied zwischen ihnen ist in der Darstellung Jesu. In den synoptischen Evangelien wird er relativ passiv dargestellt. Bei Markus und Matthäus scheint Jesu die Situation noch nicht verstanden zu haben und zeigt seinen Unmut, indem er ihnen Vorwürfe anbringt.

---

[27] Vgl. Joh 13, 10. Gleichzeitig wird gesagt, dass nicht alle rein sind und so der Verrat Judas angedeutet.
[28] Vgl. Gnilka, J: Die neue echter Bibel. Kommentar zum Neuen Testament mit der Einheitsübersetzung. Johannesevangelium, Würzburg: Echter Verlag, 2004, S. 106f.
[29] Vgl. Joh 13,31- 16,33.
[30] Vgl. Joh 17, 1-26.

Zudem wird nur in den beiden Evangelien beschrieben, dass Jesu von all seinen Jüngern während der Gefangennahme verlassen wird und sie von ihm fliehen. [31]

Bei Lukas weiß Jesus, dass Judas ihn mit dem Kuss überliefern sollte und zeigt keinerlei Widerstand, er bleibt zudem gütig und heilt sogar das abgeschlagene Ohr seines Gegners.[32]

Bei Johannes verläuft die Situation ganz anders. Der wissende Jesus stellt sich souverän zur Gefangennahme bereit. Als die Menge von ihm hörte, dass er der Jesus ist, den sie suchten, wichen sie zurück und fielen zu Boden.[33] Beinahe auffordernd ließ er sich Mitnehmen, um »das Wort zu erfüllen«.

3.4 Der Urteilsprozess

Alle vier Evangelien erzählen diesen Teil sehr ähnlich. Zuerst wird Jesu von der jüdischen Seite verhört, vom Petrus drei Mal verleugnet und von Soldaten geschlagen und eine Dornenkrone sowie ein Purpurgewand umgelegt. Danach trägt der Statthalter Pontius Pilatus die Entscheidungsgewalt. Auf seine Nachfrage bestätigt Jesu, dass er der König der Juden ist, doch dies ist für ihn kein Grund für die Todesstrafe. Dennoch übernimmt er die eindeutige Entscheidung der Volksmenge und lässt den kriminellen Barabbas gehen und Jesu dafür kreuzigen.[34]

Jedes Evangelium weist aber eigene Details auf, die in keinem anderen zu finden sind. Die synoptischen Evangelien beinhalten ein Verhör vor dem Hohen Rat, welcher Jesu ohne belegbaren Grund verurteilt. Jesu war währenddessen eher schweigsam, bei Johannes wird er als Verweigerer dargestellt. Das Verhör findet bei ihm zudem nicht vor dem Hohen Rat statt, sondern mit Hannas, einem ehemaligen hohen Priester. Dieser Abschnitt wird inhaltlich durch die Petrusverleugnung umrahmt. Diese enthält die neue Information, dass Petrus nicht alleine Jesu nachging, sondern ein weiterer Jünger existierte, der mit Jesu den Hof betrat.[35]

Das Evangelium von Matthäus erzählt als einziges über Judas Schicksal. Es berichtet von einer Zurückgabe des »Blutgeldes« und seines Suizids. Ebenfalls einzigartig ist die demonstrative Handwäsche Pontius Pilatus, welche seine Schuldlosigkeit an dem Tod Jesu

---

[31] Vgl. Mk 14, 43-52; Mk 26, 47-56.
[32] Vgl. Lk 22, 47- 53.
[33] Vgl. Joh 18. 1- 11.
[34] Vgl. Mk 14,53-15,20; Mt 26,57-27,31; Lk 22,54- 23,25; Joh 18,12-19,16.
[35] Dieser andere Jünger muss als Zeuge der Geschehnisse für das Evangelium wichtig sein, wenn er direkten Kontakt mit Jesu hatte. Vermutlich lässt sich hier eine Verbindung zum Verfasser des Evangeliums herstellen, bei dem man ausgeht, dass ein Jünger Jesu das Evangelium verfasste.

verdeutlichen sollte und stattdessen auf die jüdische Volksmenge abgegeben wird. Die Juden tragen demnach die vollständige Schuld an Jesu Kreuzigung.[36]

3.5 Die Kreuzigung

Alle Evangelien beschreiben den Weg zum Kreuz nach Golgatha, der Schädelstätte. Die Synoptiker berichten, dass ein vorbeilaufender, namens Simon Jesu Kreuz tragen musste, aber bei Johannes tat dies Jesu selbst. Lukas allein beschreibt zudem, wie auf dem Weg das Volk ihn bejammerten und er sich ihnen zuwandte und antwortete:

Töchter Jerusalems, weint nicht über mich, sondern weint über euch selbst und über eure Kinder! Denn siehe, Tage kommen, an denen man sagen wird: Glückselig die Unfruchtbaren und die Leiber, die nicht geboren, und die Brüste, die nicht gestillt haben![37]

Direkt danach beschreiben alle die Szene, wie Jesu auf dem Kreuz zwischen zwei Kriminellen hing und auch hier sprach Jesu allein im Lukasevangelium. Er betete für sie: „Vater, vergib ihnen! Denn sie wissen nicht, was sie tun.“[38]

Danach wurden seine Kleider mittels Los verteilt und die Zuschauenden spotteten über ihn. Aus Markus weiß man, dass er zur dritten Stunde gekreuzigt wurde und ab der sechsten Stunde beschreiben die Synoptiker eine Finsternis bis zur neunten Stunde, in der er nach Markus und Matthäus aufschrie und sagte: „Mein Gott, mein Gott, warum hast du mich verlassen“[39] und verschied. Bei Lukas sagt er: „Vater, in deine Hände übergebe ich meinen Geist.“ In diesem, Zusammenhang beschreiben die Synoptiker, dass der Vorhang des Tempels von oben bis unten einriss. Matthäus beschrieb die Nachwirkung seines Todes dramatischer in dem er hinzufügt:

(...) und die Erde erbebte, und die Felsen zerrissen, und die Grüfte öffneten sich, und viele Leiber der entschlafenen Heiligen wurden auferweckt, und sie gingen nach seiner Auferweckung aus den Grüften und gingen in die heilige Stadt und erschienen vielen.[40]

Nach seinem dramatischen Tod sah der davorstehende Hauptmann und andere Danebenstehende ein, dass wohl Jesus Sohn Gottes war. Am selben Abend wurde er vom Kreuz genommen und in eine Gruft gelegt.

Johannes enthält noch einige andere Details. Beispielsweise trägt er sein Kreuz selbstständig, Pilatus setzt auf sein Kreuz die Aufschrift „Jesus, der Nazoräer, der König der

---

[36] Dies dient/e als Grundlage für den christlichen Antisemitismus.
[37] Lk 23, 28-29.
[38] Lk, 23, 34.
[39] Mk 15, 34; Mt 27, 46.
[40] Mt 27, 51-53.

Juden"[41] und Jesus spricht zu seiner danebenstehenden Mutter. Jesus ist hier wohl wissend über sein Schicksal und verlangt somit aktiv nach Trinken. Daraufhin bekam er Essig und gab von sich den Satz „Es ist vollbracht!"[42] bevor er verschied. Allerdings wird hier von keinem Vorhangriss oder einem Naturphänomen erzählt. Stattdessen wurde seine Seite mit einem Speer von den Soldaten durchbohrt, sodass Blut und Wasser aus ihm herausströmten. Dies kann symbolisch als die Öffnung Jesu und Ausscheidung seines Lebens gedeutet werden.

Vom Geschehen her ist die Geschichte bei allen Evangelien sehr übereinstimmend. Die Wirkung Jesu unterscheidet sich jedoch etwas. Bei Markus und Matthäus wird er sehr leidend dargestellt. Bei Lukas ist er der leidende Gerechte, der selbst in solch einer Situation seine Aufmerksamkeit den anderen widmet und bei Johannes erscheint er sehr souverän und heldenhaft.

4. Auferstehung und Osterglauben

Die Auferstehungsgeschichte ist im Markusevangelium, vergleichsweise zu den anderen, sehr kurz, aber sinngemäß in den anderen als Basis enthalten. Wichtig ist, dass am Sonntagmorgen, am dritten Tag nach der Kreuzigung, mindestens eine Frau, die Maria Magdalena den weggewälzten Stein vor der Gruft und den fehlenden Leichnam entdeckte. An dem Grab erschienen ein oder zwei Engel, die von seiner Auferstehung berichteten. Maria Magdalena war die erste, der Jesus sich zeigte. Sie erzählte die Neuigkeit an seine Jünger weiter und später zeigte er sich auch ihnen. Jesus gab ihnen die Aufgabe, das Evangelium der ganzen Welt zu offenbaren. Das ist der wesentliche Inhalt. Auch hier enthalten einzelne Evangelien ihre Besonderheiten.

Im Matthäusevangelium wird das Grab die drei Tage von Soldaten bewacht, sodass sie Zeugen des leeren Grabes wurden.[43] Daraufhin wurden sie aber von den hohen Priestern bestochen, damit sie die Jünger anschuldigten, den Leichnam Jesu gestohlen zu haben. Dies taten sie und es war der Grund, warum die jüdische Bevölkerung nicht an Jesu Auferstehung glaubte.[44] Matthäus greift dieses Detail vermutlich deshalb auf, weil sich seine Leser selbst

---

[41] Joh 19, 19.
[42] Joh 19, 30.
[43] Vgl. Mt 28, 01-10.
[44] Vgl. Mt 28, 11-15.

nach ca. 50 Jahren nach dem Ereignis, von den Gerüchten des gestohlenen Leichnams immer noch wehren mussten.[45]

Die lukanische Ostererzählung geht über die bloße Grabeserzählung, wie es bei Markus und Matthäus der Fall ist, weit hinaus. Es wird von mehreren Erscheinungen Jesu erzählt. Zum einen erschien er zwei Jüngern auf dem Weg nach Emmaus[46] und später nochmal vor allen Jüngern in einem Raum[47] und zeigte ihnen seine Wunden, damit sie ihm glaubten. Vermutlich baute Lukas absichtlich diese zwei Geschichten ein, damit sich der Leser mit den Jüngern identifizieren kann und somit dem Glaubensproblem entgegenzuwirken. Das leere Grab allein scheint wohl nicht überzeugend genug zu sein. Demnach ist die Darstellung des Ostertages keine rein geschichtliche Nacherzählung, sondern auf den Leser ausgerichtete Erzählung, welche die Zuverlässigkeit der enthaltenen Lehre mit dem zusätzlichen Material bestätigen will. [48]

Die Ostererzählung von Johannes übertrifft die des Lukas in der Quantität, denn Johannes enthält zusätzlich ein Nachtragskapitel und weist demnach einen doppelten Schluss auf. Der erste Teil enthält vier Szenen[49]: Zuerst besuchte Maria Magdalena das Grab und übergab Petrus und dem Lieblingsjünger die Neuigkeit des leeren Grabes, woraufhin beide wie im Wettlauf zum Ort stürmten. Danach folgte die Begegnung des Auferstandenen mit Maria Magdalena. Am selben Abend erschien er ein zweites Mal vor den versammelten Jüngern, hinter verschlossenen Türen und sprach „Wie der Vater mich ausgesandt hat, sende ich auch euch"[50] und hauchte ihnen den Heiligen Geist zu, mit dem sie Sünden anderer Menschen vergeben können. Die letzte Szene spielt acht Tage später, wieder vor den versammelten Jüngern, diesmal nur mit dem damals fehlenden Thomas und auch ihm bewies er seine Auferstehung.

Nach einem Schlusswort setzt aber ein zweiter Teil ein, bei dem sich Jesu ein drittes Mal zeigt.[51] Darin wird zuerst von einem Fischfang berichtet, der eine missionarische Aufgabe für die Jünger enthält, ihre Netze auf die rechte Seite auszuwerfen und sie dann ans Ufer zum Herrn zu bringen. Danach wird Petrus beauftragt, die Schafsherde Jesu zu hüten, was wahrscheinlich bildhaft für seine Anhänger steht. Zudem wird ihm sein Todesschicksal mitgeteilt. Der Lieblingsjünger wird zwischendurch und auch hier zum Ende wieder

---

[45] Vgl. Zeilinger, Franz: Der biblische Auferstehungsglaube, Stuttgart: W. Kohlhammer GmbH, 2008, S.173.
[46] Vgl. Lk 24, 13- 35.
[47] Vgl. Lk 24, 36- 53.
[48] Vgl. Zeilinger 2008, S. 175f.
[49] Vgl. Joh 20, 01-31.
[50] Joh 20, 21.
[51] Vgl. Joh 21, 01-25.

miteinbezogen. [52] Das zweite Schlusswort wird direkt am Anfang gleich ihm gewidmet: „Das ist der Jünger, der von diesen Dingen zeugt und der dies geschrieben hat; und wir wissen, dass sein Zeugnis wahr ist.".[53] Die Herausgeber sprechen mit Ehrfurcht von ihm und geben bekannt, dass er der ursprüngliche Autor dieses Evangeliums ist. Dieser Jünger taucht das erste Mal beim Abendmahl auf und war danach bei allen wichtigen Ereignissen direkt dabei und ist somit auch Zeuge Jesu Auferstehung. Der Leser erfährt über den gesamten Text nicht seinen Namen, er ist der Jünger, dessen bedingungslose Liebe zu Jesu für ihn kennzeichnend ist und ist somit auch ein Vorbild aller Christen.[54]

Diese Geschehnisse sind die Grundlage für einen Osterglauben, aber nicht Grund genug. Paulus beispielsweise steuerte einen wichtigen Teil zur Etablierung des Osterglaubens bei, indem er in verschiedenen Briefen von seinen Ostererkenntnissen seinen Adressaten berichtete. In seinem ersten Brief an die Korinther widmet er dem Thema ein ganzes Kapitel und beginnt dieses mit den Worten:

> *Ich tue euch aber, Brüder, das Evangelium kund, das ich euch verkündigt habe, das ihr auch angenommen habt, in dem ihr auch steht, durch das ihr auch gerettet werdet, wenn ihr festhaltet, mit welcher Rede ich es euch verkündigt habe, es sei denn, dass ihr vergeblich zum Glauben gekommen seid.[55]*

Kurz danach stellt er in einer kurzen Zusammendarstellung alle Erscheinungen[56] des Auferstandenen dar und danach vertieft er sich in das Thema. Das ist das älteste Zeugnis der Erscheinungen, das noch vor der Niederschrift der Evangelien verfasst wurde.[57]

Das Erscheinen Jesu vor verschiedenen Personen scheint eine zielgerichtete Selbstoffenbarung zu sein, die den Glauben an ihn festigen sollte. Durch das Erlebnis können sie die Lehre Gottes besser verbreiten. Das war wohl der Anfang der Kirchengründung.

---

[52] Vgl. Zeilinger 2008, S. 181.
[53] Joh 21, 24.
[54] Vgl. Wilckens 2005, S.155ff.
[55] 1Kor 15, 01-02.
[56] Vgl. 1Kor 15, 05-07.
[57] Vgl. Wilckens, Ulrich: Theologie des Neuen Testaments. Band I: Geschichte der urchristlichen Theologie. Teilband 2: Jesu Tod und Auferstehung und die Entstehung der Kirche aus Juden und Heiden, Neukirchen-Vluyn: Neukirchner Verlag, 2. Auflage, 2007, S. 124.

5. Bedeutung der Passions- und Auferstehungsgeschichte für die Kirche

Mit der Auferstehung Jesu kann man von Anfängen des Christentums sprechen. Unmittelbar nach dem Ereignis selbst, gab es zunächst nur mündliche Überlieferungen, welche nach und nach verschriftlicht wurden. Es formulierten sich zunächst eine Urgemeinde in Jerusalem und später entstanden christliche Gemeinden in verschiedenen Städten, in denen Juden und Nichtjuden durch einen gemeinsamen Glauben verbunden waren. Später gegen 48. n. Chr. gab es die Unterscheidung zwischen juden- und heidenchristlich geprägte Gemeinden.[58] Dies hatte vermutlich einen Einfluss auf das, uns heute bekannte, Osterfest, dessen genaue Entstehung nicht eindeutig nachverfolgt werden kann.

Das Osterfest ist neben Weihnachten das wichtigste Fest im Jahr. Man feiert die Überwindung des Todes in der Auferstehung Jesu Christi und den damit einhergehenden Beginn eines neuen Lebens. Zur Feier dessen haben sich viele Bräuche etabliert: Zum einen werden biblische Texte gelesen, Gebete gesprochen und Lieder gesungen und zum anderen werden Ostereier bemalt, gerollt und aneinandergeschlagen, der Osterhase kommt zu Besuch, Geschenke werden verteilt, ein Osterfeuer angezündet und vieles mehr. Dies entstand durch lange Tradition und Kreativität des Menschen. Beispielsweise kam in den zuvor erarbeiteten Bibelstellen kein Wort über einen Eier versteckenden Osterhasen. Selbst das Wort »Ostern« wurde so nicht übersetzt oder gar angedeutet. Es gibt Vermutungen, dass dies noch ein Einfluss der Heidenchristen gewesen sein könnte, da es im heidnischen Fest die Göttin der Morgenröte, des Frühlings und der Fruchtbarkeit namens Ostara[59] gab und man das Fest ebenfalls zur ähnlichen Zeit feierte.

Sogar Fachleute sind sich bei der Entstehung des Osterfestes uneinig.

Die einen verstehen Ostern gleichsam als alljährlich große Sonntagsfeier nach dem Frühlingsvollmond; nach ihnen hat sich das Osterfest aus dem Sonntag entwickelt und sein Inhalt ist primär das Gedenken der Auferstehung Jesu. Nach anderen ist Ostern aus judenchristlichen Paschafeiern entstanden, die alljährlich am 14. oder 15. Nisan nach dem jüdischen Kalender begangen werden.[60]

---

[58] Vgl. ebd., S.230.
[59] Vgl. Birkner, M.; Völkel, C.: Das Osterfest – Entstehung & Bedeutung, Leipzig: St. Benno Verlag, 2019. Online: https://cms.vivat.de/themenwelten/jahreskreis/ostern/bedeutung-hintergrund.html (08.09.19).
[60] Müllner, I; Dschulnigg, P.: Die neue Echter Bibel. Jüdische und christliche Feste. Perspektiven des Alten und Neuen Testaments, Würzburg: Echter, 2002, Bd. 9, S. 79f. Die Uneinigkeit bezüglich des 14. Bzw. 15. Nisan, liegt darin, dass sich Johannes zu den Synoptikern in der Angabe des Tages unterscheidet.

Das Paschafest dient im Judentum zum Gedenken der Befreiung Israels aus der Knechtschaft Ägyptens. Man versetzt sich in die Auszugsgeneration, um die befreiende Tat Gottes erneut zu erfahren. Die Kreuzigung und Auferstehung fielen nach dem Neuen Testament auf eine Paschawoche. Jedoch unterscheiden sich die Synoptiker von Johannes in dem Todestag. Zwar sagen alle, dass Jesu am Freitag gekreuzigt wurde, aber die Synoptiker berichten, er sei an dem ersten Paschatag gestorben und nach Johannes starb Jesu am Vortag, an dem die Paschalämmer im Tempel geschlachtet wurden.[61] Die Johannesversion enthält dadurch mehr symbolischen Charakter. So wird Jesu an Stelle des Lammes gestellt, womit man eine Opferung eines Wesens für die Befreiung anderer assoziiert. Er nahm die Sünden der Menschen, litt und starb eines qualvollen Todes, damit die Sünden von Gott vergeben werden. Seine Auferstehung steht für das ewige Leben über den Tod hinaus.[62]

Das Osterfest dient zur Erinnerung und Ehrung des Leidensweges Jesu Christi. Es besteht nicht nur aus dem einen Tag, an dem Jesu auferstanden ist, sondern enthält viele Osterfeiertage. Beginnen tut es mit dem Palmsonntag, zur Andacht an Jesu Einzug in Jerusalem, dem Beginn der heiligen Woche. Der Gründonnerstag dient als Gedenktag des letzten Abendmahls. An dem nächsten Tag, als Jesu damals gekreuzigt wurde, bricht der Trauertag, der Karfreitag an und dauert bis zum Karsamstag. Danach folgt der feierliche Teil, die Auferstehung Jesu am Ostersonntag bis hin zum Ostermontag.[63]

Das Osterfest ist ein bewegliches Fest, welches vom Frühlingsvollmond abhängt und mit dem jüdischen Paschafest im zeitlichen Zusammenhang steht. Der Ostersonntag dient demnach zur Orientierung für die vorläufigen und nachfolgenden Feiertage.[64] Beispielsweise wird das eigentliche Osterfest von dem Aschermittwoch, an dem die Fastenzeit beginnt und der Himmelfahrt und Pfingsten umgrenzt.

Das gesamte Osterfest ist eine Besinnungs-, Fasten- und Bußzeit für Christen, in der sie sich von Gewohnheiten und Zwängen befreien, um für Gott und Mitmenschen offen zu werden. Dabei werden Gottesdienste zur Andacht besucht und Zeit mit der Familie verbracht.

---

[61] Vgl. Mk 15,6; Mt 27,15; Lk 23,17; Vgl. Joh 19,14. Diese Differenz kann man nicht genau erklären, man vermutet aber, dass sich an verschiedenen Kalendern orientiert wurde.
[62] Vgl. Müllner & Dschulnigg 2002, 80.
[63] Vgl. NDR (Hrsg.): Die Osterfeiertage und ihre Bedeutung, 2019. Online: https://www.ndr.de/ratgeber/Die-Osterfeiertage-und-ihre-Bedeutung,osterfeiertage2.html (09.09.19).
[64] Vgl. Brünner, A. Das Osterdatum, 2012. Online: https://www.arndt-bruenner.de/mathe/scripts/osterdatum.htm (09.09.19).

6. Fazit

In der Vorlesung erhielt ich einen Überblick über den Aufbau und den wesentlichen Ereignissen des Neuen Testaments. Nun entschied ich mich in dieser Arbeit, mich näher mit dem Text auseinanderzusetzen. Dabei beschränkte ich mich auf die Passions- und Auferstehungsgeschichte in den vier Evangelien, da es für das Christentum, meines Erachtens nach, der prägendste Teil ist. Zuerst beschäftigte ich mich mit dem historischen Hintergrund und dem Verhältnis der Evangelien zueinander, um mit diesem Grundlagenwissen die einzelnen Textabschnitte miteinander vergleichen zu können.

Ich ging in diese Ausarbeitung mit dem Gedanken hinein, dass es ein Evangelium von den vier gibt, welches eventuell „richtiger" ist, an dem man sich beispielsweise bei den Festen orientiert. Doch ich verstand, dass alle Evangelien erst eine gewisse Zeit nach den Ereignissen verfasst wurden und somit vieles mit der Eigeninterpretation jedes Autors dargestellt wird. Demnach versuchte ich die gemeinsame Kerninformation aller zusammenzufassen und mich daran zu orientieren, ohne mich an den kleinen abweichenden Details festzuklammern. Es gibt vermutlich nicht nur die eine Wahrheit, und somit nicht das eine richtige Evangelium, sondern verschiedene Wege, die zur Wahrheit führen. Demnach betrachte ich alle Evangelien als gleichberechtigt und als gegenseitige Ergänzung.

Schließlich wird dies ebenso im Osterfest gehandhabt, da man auch die Besonderheiten einzelner Evangelien berücksichtigt. Neu war für mich, dass viele Bräuche keinen biblischen Bezug haben und sich erst im Laufe der Zeit etabliert haben. Dies zeigt, dass eine gute Bibelkenntnis für einen Christen unabdingbar ist, wenn man rein nach Gottes Gebot handeln möchte.

7. Literaturverzeichnis

Birkner, M.; Völkel, C.: Das Osterfest – Entstehung & Bedeutung, Leipzig: St. Benno Verlag, 2019. Online: https://cms.vivat.de/themenwelten/jahreskreis/ostern/bedeutung-hintergrund.html (08.09.19).

Brünner, A. Das Osterdatum, 2012. Online: https://www.arndt-bruenner.de/mathe/scripts/osterdatum.htm (09.09.19).

Conzelmann, H., Lindemann, A.: Arbeitsbuch zum Neues Testament, Tübingen: Mohr Siebeck, 14. Auflage, 2004.

Elberfelder Bibel 2006, Witten: SCM R. Brockhaus im SCM- Verlag GmbH & Co. KG, 4. Auflage 2013.

Gnilka, J: Die neue echter Bibel. Kommentar zum Neuen Testament mit der Einheitsübersetzung. Johannesevangelium, Würzburg: Echter Verlag, 2004.

Hartmann, M.; Liedtke, G.; Schikora, F.: Die Evangelien, o.J. Online: https://www.bibelwissenschaft.de/bibelkunde/neues-testament/evangelien/ (23.08.19).

Hartmann, M.; Liedtke, G.; Schikora, F.: Die synoptischen Evangelien, o.J. Online: https://www.bibelwissenschaft.de/bibelkunde/neues-testament/evangelien/synoptiker/ (25.08.19).

Häfner, Gerd: Der Begriff »Evangelium«, o.J. Online: https://www.bibelstudium.kaththeol.uni-muenchen.de/evangelien/begriffliches/evangelium/index.html (23.08.19).

Liedtke, G.; Schikora, F: Die Entstehung des neuen Testaments, o.J. Online: https://www.die-bibel.de/bibeln/bibelkenntnis/die-entstehung-der-bibel/die-entstehung-des-alten-und-neuen-testaments/ (24.03.19).

Müllner, I; Dschulnigg, P.: Die neue Echter Bibel. Jüdische und christliche Feste. Perspektiven des Alten und Neuen Testaments, Würzburg: Echter, 2002, Bd. 9.

NDR (Hrsg.): Die Osterfeiertage und ihre Bedeutung, 2019. Online: https://www.ndr.de/ratgeber/Die-Osterfeiertage-und-ihre-Bedeutung,osterfeiertage2.html (09.09.19).

Pokorný, P. u. Heckel, U.: Einleitung in das Neue Testament. Seine Literatur und Theologie im Überblick, Tübingen: Mohr Siebeck, 2007.

Wilckens, Ulrich: Theologie des Neuen Testaments. Band I: Geschichte der urchristlichen Theologie. Teilband 2: Jesu Tod und Auferstehung und die Entstehung der Kirche aus Juden und Heiden, Neukirchen- Vluyn: Neukirchner Verlag, 2. Auflage, 2007.

Wilckens, Ulrich: Theologie des Neuen Testaments. Band I: Geschichte der urchristlichen Theologie. Teilband 4: Die Evangelien, die Apostelgeschichte, die Johannesbriefe, die Offenbarung und die Entstehung des Kanons, Neukirchen- Vluyn: Neukirchner Verlag, 2005.

Zeilinger, Franz: Der biblische Auferstehungsglaube, Stuttgart: W. Kohlhammer GmbH, 2008.